Ernst Probst

Die Oldenburg-emsländische Gruppe

Eine Kultur der Bronzezeit von etwa 1500 bis 1200 v. Chr.

Dokument Nr. V182456 aus dem GRIN Verlagsprogramm

Ernst Probst

Die Oldenburg-emsländische Gruppe

Eine Kultur der Bronzezeit von etwa 1500 bis 1200 v. Chr.

GRIN Verlag

Die Deutsche Bibliothek verzeichnet diese Publikation in der Deutschen Nationalbibliografie; detaillierte bibliografische Daten sind im Internet über http://dnb.d-nb.de/ abrufbar.

1. Auflage 2011
Copyright © 2011 GRIN Verlag GmbH
http://www.grin.com
Druck und Bindung: Books on Demand GmbH, Norderstedt Germany
ISBN 978-3-656-06039-0

Häuptling aus der älteren Bronzezeit in Niedersachsen.
Ausschnitt aus einer Zeichnung
von Friederike Hilscher-Ehlert, Königswinter,
für das Buch »Deutschland in der Bronzezeit« (1996)
von Ernst Probst

Ernst Probst

Die Oldenburg-emsländische Gruppe

Eine Kultur der Bronzezeit
von etwa 1500 bis 1200 v. Chr.

Widmung

Dr. Friedrich Laux, Hamburg, und
Dr. Otto Mathias Wilbertz, Hannover,
gewidmet, die den Autor
bei seinen Recherchen
über Kulturen der Bronzezeit in Niedersachsen
für sein Buch
»Deutschland in der Bronzezeit« (1996)
mit Rat und Tat unterstützt haben,
sowie der wissenschaftlichen Graphikerin
Friederike Hilscher-Ehlert

Inhalt

Vorwort / Seite 11

Die Mittelbronzezeit in Deutschland
Abfolge und Verbreitung der Kulturen
und Gruppen / Seite 13

Pfostenavenuen und »Sonnensteine«
Die Oldenburg-emsländische Gruppe
von etwa 1500 bis 1200 v. Chr. / Seite 17

Anmerkungen / Seite 37

Literatur / Seite 41

Bildquellen / Seite 47

Die wissenschaftliche Graphikerin
Friederike Hilscher-Ehlert / Seite 49

Der Autor Ernst Probst / Seite 51

Bücher von Ernst Probst / Seite 53

*Der dänische Archäologe
Christian Jürgensen Thomsen (1788–1865)
hat 1836 die Urgeschichte
nach dem jeweils am meisten verwendetem Rohstoff
in drei Perioden eingeteilt:
Steinzeit, Bronzezeit und Eisenzeit.*

Vorwort

Eine Kulturstufe, die in der Bronzezeit von etwa 1500 bis 1200 v. Chr. im westlichen Niedersachsen in den Kreisen Oldenburg, Cloppenburg, Diepholz und Emsland existierte, steht im Mittelpunkt des Taschenbuches »Die Oldenburg-emsländische Gruppe«. Geschildert werden die Kleidung, der Schmuck, die Keramik, Werkzeuge, Waffen, Haustiere, Jagdtiere, das Verkehrswesen, der Handel, die Kunstwerke und die Religion der damaligen Ackerbauern, Viehzüchter und Bronzegießer.

Verfasser dieses Taschenbuches ist der Wiesbadener Wissenschaftsautor Ernst Probst. Er hat sich vor allem durch seine Werke »Deutschland in der Urzeit« (1986), »Deutschland in der Steinzeit« (1991) und »Deutschland in der Bronzezeit« (1996) einen Namen gemacht.

Das Taschenbuch »Die Oldenburg-emsländische Gruppe« ist Dr. Friedrich Laux und Dr. Mathias Wilbertz gewidmet, die den Autor bei seinen Recherchen über Kulturen der Bronzezeit in Niedersachsen für sein Buch »Deutschland in der Bronzezeit« mit Rat und Tat unterstützt haben. Es enthält Lebensbilder der wissenschaftlichen Graphikerin Friederike Hilscher-Ehlert aus Königswinter.

Kulturen und Gruppen während der Mittelbronzezeit (etwa 1600 bis 1300/1200 v. Chr.) in Süddeutschland und in der älteren Bronzezeit (etwa 1500 bis 1200 v. Chr.) in Norddeutschland

12

Die Mittelbronzezeit in Deutschland

Abfolge und Verbreitung der Kulturen und Gruppen

In der Zeit von etwa 1600 bis 1300/1200 v. Chr., die in Süddeutschland als Mittelbronzezeit bezeichnet wird, beherrschten sämtliche im Gebiet von Deutschland verbreiteten Kulturen den Bronzeguss. Wegen dieses Fortschritts der Metallurgie hat 1935 der schwedische Prähistoriker Nils Åberg (1888–1957) die Mittelbronzezeit als Hochbronzezeit bezeichnet. Andere Autoren dagegen – vor allem in Norddeutschland – reden von der eigentlichen, reinen oder älteren Bronzezeit.

Der Mittelbronzezeit entsprechen in Süddeutschland vor allem die Stufen Bronzezeit B und C im Sinne der 1902 vorgenommenen Gliederung des damals in Mainz arbeitenden Prähistorikers Paul Reinecke (1872–1958). Demzufolge wird die Stufe Bronzezeit B in zwei Unterstufen eingeteilt (B 1 und B 2). Im Gegensatz zu früher tendiert man heute dahingehend, die Stufe Bronzezeit D (etwa von 1300 bis 1200 v. Chr.) erst der Spätbronzezeit zuzuordnen.

Mit der Mittelbronzezeit ist in Baden-Württemberg, Bayern, im Saarland, Rheinland-Pfalz, Hessen, Südthüringen und Sachsen-Anhalt die Hügelgräber-Kultur bzw. -Bronzezeit identisch. Sie dauerte in diesen Gebieten von etwa 1600 bis 1300/1200 v. Chr.[1] Die Hügelgräber-Kultur war damals von Ostfrankreich bis zum Karpatenbecken in Ungarn verbreitet. Sie wird von den Experten in mehrere lokale Gruppen gegliedert.

Für Norddeutschland wird die 1885 von dem schwedischen Prähistoriker Oscar Montelius (1843–1926) aus Stockholm erarbeitete Gliederung der Bronzezeit verwendet. Er teilte die nordische Bronzezeit nach der typologischen Abfolge von Bronzeerzeugnissen (Gewandspangen, Rasiermesser, Schwerter, Gürteldosen) in sechs Perioden ein, die er mit römischen Ziffern von I bis VI kennzeichnete. Das auf seinen Erkenntnissen aufbauende Chronologieschema sieht heute so aus:

Periode I (frühe Bronzezeit):
etwa 1800 bis 1500 v. Chr.

Periode II (ältere Bronzezeit):
etwa 1500 bis 1200 v. Chr.

Periode III (mittlere Bronzezeit):
etwa 1200 bis 1100 v. Chr.

Perioden IV und V (jüngere Bronzezeit):
etwa 1100 bis 800 v. Chr.

Periode VI (frühe Eisenzeit):
etwa 800 bis 500 v. Chr.

Nordrhein-Westfalen gehörte nur bedingt zur Hügelgräber-Kultur. Dort werden die Funde zwischen 1500
und 1200 v. Chr. – norddeutscher Terminologie folgend
– allgemein der älteren Bronzezeit zugerechnet. Damit
findet die auf dem Kulturgefälle in der Frühbronzezeit
zwischen dem Süden und dem Norden basierende Pha-
senverschiebung von Bronzezeitstufen terminologisch
ihre Fortsetzung.
In Niedersachsen bezeichnet man den Abschnitt von
etwa 1500 bis 1200 v. Chr. als ältere Bronzezeit. Diese
umfasst die Stufe II in der Chronologie des schwedischen Prähistorikers Oscar Montelius für die nordische
Bronzezeit. Damals gab es in Niedersachsen mehrere
lokale Gruppen: die zur Hügelgräber-Kultur gehörende
Lüneburger Gruppe, die zum Nordischen Kreis zäh-
lende Stader Gruppe, die Südhannoversche Gruppe und
die Oldenburg-emsländische Gruppe (s. S. 17).
In Schleswig-Holstein und im Küstengebiet von
Mecklenburg-Vorpommern begann um 1500 v. Chr. die
nordische ältere Bronzezeit. Diese Kultur endete um
1200 v. Chr. Sie entspricht der Stufe II nach Montelius.
Die Funde von etwa 1500 bis 1300/1200 v. Chr. im
westlichen Teil Brandenburgs werden der älteren
Bronzezeit zugeordnet.
In Sachsen und Ostbrandenburg war ab ungefähr 1500
bis 1300/1200 v. Chr. die Vorlausitzer Kultur heimisch.
Sie ging der spätbronzezeitlichen Lausitzer Kultur
voraus.

FRIEDRICH LAUX,
geboren am 8. März 1938 in Roth bei Nürnberg.
Er arbeitete 1969
bei der Römisch-Germanischen Kommission
in Frankfurt/Main,
1970 bis 1975 am Museum Lüneburg,
1976/77 am Institut
für Vor- und Frühgeschichte in Saarbrücken
und wirkte von 1977 bis 2001
am Hamburger Museum für Archäologie.
Laux benannte 1971
den Sögel-Wohlde-Kreis
und die Lüneburger Gruppe
sowie 1987/90 die Südhannoversche Gruppe,
die Oldenburg-emsländische Gruppe
und die Allermündungs-Gruppe.

Pfostenavenuen
und »Sonnensteine«

Die Oldenburg-emsländische Gruppe

Aus einem nicht bekannten Grund haben die Menschen im westlichen Teil von Niedersachsen in der älteren Bronzezeit von etwa 1500 bis 1200 v. Chr. ihren Verstorbenen fast keine Beigaben mit ins Grab gelegt. Durch diese Eigenart unterscheidet sich die in den Kreisen Oldenburg, Cloppenburg, Diepholz und Emsland verbreitete Oldenburg-emsländische Gruppe von den übrigen Kulturstufen jener Zeit in Niedersachsen. Der Begriff »Oldenburg-emsländische Gruppe« geht auf den Hamburger Prähistoriker Friedrich Laux zurück. Er hat 1987 in Bad Stuer bei einer Tagung und 1990 in dem Sammelband hierüber diesen Namen geprägt.

Anhand zweier Grabfunde aus Kirchhatten (Kreis Oldenburg) weiß man, dass die Menschen jener Zeit Kleidungsstücke trugen, die aus Schafwolle und Hirschhaaren gewebt waren. In einem der dortigen Gräber konnte auf der Außenseite eines bronzenen Armreifs ein Wollgewebrest geborgen werden, der entweder von der Decke, unter der die Leiche lag, oder von einem Mantel stammt. In einem anderen Grab fand

17

man an fünf Stellen der Bestattung ein Wollgewebe mit ein Millimeter dicken Fäden und verrotteten Flachs.

Auf Ackerbau während der älteren Bronzezeit wies früher eindeutig der Hakenpflug von Walle[1] (Kreis Aurich) hin, der nur wenig außerhalb des Verbreitungsgebietes der Oldenburg-emsländischen Gruppe zum Vorschein kam. Sein Alter wurde durch Pollenanalysen am Fundort ermittelt. Heute schwankt die Datierung jenes Pfluges zwischen der Jungsteinzeit und der Bronzezeit. Das insgesamt drei Meter lange Ackerbaugerät aus Eichenholz mit etwa 60 Zentimeter langer Schar hat man beim Torfstechen in etwa anderthalb Meter Tiefe zutage gefördert. Ein anderer Pflug aus Eichenholz von Duisburg-Rheinhausen[2] in Nordrhein-Westfalen stammt aus der Jungsteinzeit um 2300 v. Chr.

Da den Toten keine Fleischbeigaben ins Grab gelegt wurden und die Siedlungen schlecht erforscht sind, weiß man wenig über die Haustiere der Oldenburg-emsländischen Gruppe. Die erwähnten Gewebereste aus Kirchhatten belegen indirekt die Haltung von Schafen. In einem Hügelgrab mit Baumsargbestattung von Harmhausen (Kreis Diepholz) barg man Hundeknochen. Die Hirschhaarreste von Kirchhatten deuten auf gelegentliche Jagd hin.

Die Tongefäße der Oldenburg-emsländischen Gruppe werden wegen ihrer groben Machart als »Kümmerkeramik« bezeichnet. Neben aus Ton modellierten und im Töpferofen gebrannten Keramikgefäßen wurden zuweilen Holzgefäße geschnitzt. Das beweisen ein Eichenholzgefäß aus einem Grab von Sulingen-Vorwohlde (Kreis Diepholz) und Lindenholzreste, aus einem Grab von Kirchhatten (Kreis Oldenburg), die wohl von einem Gefäß stammen.

Da in Nordwestdeutschland in der älteren Bronzezeit keine Erzvorkommen erschlossen waren, mussten die Menschen in diesem Gebiet jegliches Metall importieren. Es hat den Anschein, als ob die Ackerbauern und Viehzüchter der Oldenburg-emsländischen Gruppe nicht besonders reich waren und deshalb kein Rohmaterial in großen Mengen für die Herstellung von Bronzeerzeugnissen eintauschen konnten.

Spärliche Waffenfunde in Gräbern verraten, dass die Krieger der Oldenburg-emsländischen Gruppe über Pfeil und Bogen sowie über bronzene Absatzbeile und Schwerter verfügten. Der Besitz von Pfeil und Bogen als Fernwaffe ist durch Pfeilspitzen aus Feuerstein belegt. In Cloppenburg-Ambühren wurden ein rapierartiges Langschwert mit vier Nieten zur Befestigung des Griffes und ein schmales Absatzbeil geborgen.

Auf Waffenimport von weit her deutet der Fund eines 20,3 Zentimeter langen und 975 Gramm schweren Absatzbeiles mit zwei seitlichen Ösen von Wildeshausen[3] (Kreis Oldenburg) hin. Denn einen solchen Beiltyp kennt man vor allem aus Nordwestspanien und Portugal, daneben aber auch aus Westfrankreich und der Bretagne, von wo aus er nach Südwestengland und Irland gelangte.

Zeichnung auf Seite 21:

Ackerbauer mit Pflug –
ähnlich dem Fund aus Walle (Kreis Aurich)
in Niedersachsen –
und Rindern als Zugtieren.
Pflugspuren aus der nordischen älteren Bronzezeit
wurden in Schleswig-Holstein
und Mecklenburg-Vorpommern entdeckt.
Zeichnung von Friederike Hilscher-Ehlert, Königswinter,
für das Buch »Deutschland in der Bronzezeit« (1996)
von Ernst Probst

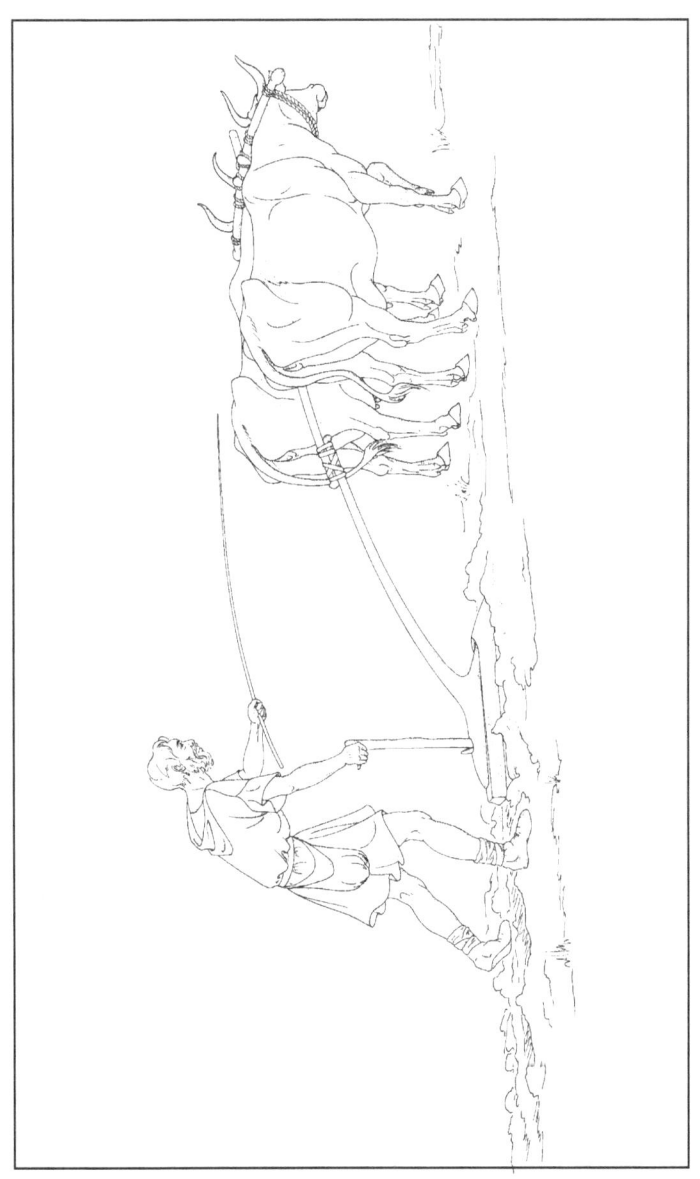

Das Beil von Wildeshausen soll nach Ansicht von Prähistorikern iberischer Herkunft sein, weil bei den dortigen Funden das Verhältnis von Schäftungs- zu Schneidenteil meistens etwa ein Drittel zu zwei Drittel beträgt.

Keiner der bekannten älterbronzezeitlichen Gruppen in Niedersachsen lässt sich der verzierte Goldbecher von Gölenkamp[4] (Kreis Grafschaft Bentheim) zuordnen. Das Gefäß kam beim Sandgraben auf dem Spöllberg innerhalb eines Grabhügelfeldes zum Vorschein. Dort war der Goldbecher wie ein Deckel über ein Tongefäß gestülpt, das gelben Sand enthielt.

Der Goldbecher wiegt 255 Gramm, ist 11,5 Zentimeter hoch, hat am Boden einen Durchmesser von 5,5 Zentimetern und an der Mündung von 15 Zentimetern. Seine Außenseite ist im unteren Drittel glatt. Darüber verlaufen drei breite Ringwülste mit Zonen von großen Buckeln, denen sich vier schmälere Wülste sowie eine glatte Fläche bis zum Rand anschließen. Der Boden des Goldbechers ist mit sechs konzentrischen Kreisen verschönert, die vermutlich die Sonne symbolisieren sollten.

Der Originalfund von Gölenkamp befindet sich in Privatbesitz. Nachbildungen davon werden im Niedersächsischen Landesmuseum, Hannover, und im Kulturgeschichtlichen Museum, Osnabrück, aufbewahrt. Welchem Zweck dieses prächtige Goldgefäß diente, lässt sich nicht sagen.

Auffällig viel Goldschmuck wurde beim Pflügen in Lorup[5] (Kreis Emsland) entdeckt. Allein zu einer 41 Zentimeter langen Halskette von dort gehören zwölf goldene Spiralröllchen von einem Zentimeter Durchmesser, deren Enden jeweils zu Spiralplatten aufgerollt sind. Außerdem stieß man in Lorup auf zwei offene, ovale Armringe aus starkem Golddraht, Spiralröllchen aus Gold ohne Endaufwicklung, einen goldenen Fingerring und eine Bernsteinperle. Einzelne Goldschmuckstücke lagen außerdem in Gräbern von Sulingen-Vorwohlde und Wesenstedt-Harmhausen (beide im Kreis Diepholz). In einem Frauengrab von Sulingen-Vorwohlde kam eine Halskette zum Vorschein, auf der abwechselnd bronzene Spiraldrahtröllchen und Bernsteinperlen unterschiedlicher Größe und Form als Anhänger aufgereiht waren. Im selben Grab machte man zudem einen Kopfschmuck aus Bronzeröllchen und -hütchen ausfindig, der vermutlich auf Schnüren oder Bändern aus Leder oder Filz befestigt war.

Zu den während der älteren Bronzezeit in Nordwestdeutschland errichteten Wegen zählt der etwa 650 Meter lange Bohlenweg zwischen Büppel und Jethausen südlich von Varel[6] (Kreis Wesermarsch). Er führte über ein 650 Meter breites Moor und diente als Zufahrt zu einer Bootsanlegestelle am damaligen Westufer der Jade. Die für den Bau des Weges verwendeten Hölzer stammen von Bäumen, die – nach der Jahrringdatierung zu schließen – um 1357/58 v. Chr. gefällt wurden.

Ausgrabung des älterbronzezeitlichen Bohlenweges
mit der Bezeichnung XXXVI (ip)
südlich von Varel (Kreis Wesermarsch)
aus der Zeit um 1357/1358 v. Chr.
Der Weg führte über ein 650 Meter breites Moor
zu einer Bootsanlegestelle am damaligen Westufer der Jade.

Der Weg unweit von Varel war so konstruiert, dass die unterste Lage Längshölzer durch senkrechte Pfähle fixiert wurde. Auf ihnen ruhten etwa 2,50 bis 2,80 Meter lange, 20 bis 45 Zentimeter breite und fünf bis acht Zentimeter dicke gespaltene Eichenbohlen, die durch Einkerbungen der Unterseite in die gewünschte Höhe gebracht wurden. Die Fahrbahn dieses Bohlenweges war eben wie ein Tennenboden. Dadurch liefen die Fahrzeuge leichter. Gleichzeitig wurden die Räder, Achsen und die Wagenladungen geschont.

Von einem Wagen der ausklingenden älteren Bronzezeit könnten die Speichenradreste aus dem Barnstorfer Moor im Kreis Diepholz[7] stammen. Dieser Fund lässt sich trotz moderner Altersdatierungen keiner bestimmten bronzezeitlichen Kultur zuweisen.

Auf manchen Geestrücken zwischen der Ems und der Hunte wurden die Toten in Baumsärgen bestattet, über denen man Hügel errichtete. Dies war aber nicht generell üblich, wie andere Beisetzungen in Grabschächten am Fuß von fundleeren Rund- und Langhügeln zeigen. Solche Rund- und Langhügel kennt man von Groß-Stavern[8] (Kreis Emsland).

Zu den spärlichen Grabbeigaben für die Toten gehörten Tongefäße sowie gelegentlich bronzene Absatzbeile, Nadeln und Pfeilspitzen aus Feuerstein. Sie sollten den Verstorbenen vielleicht im Jenseits nützlich sein. Eine Bestattung mit abgetrenntem Schädel in Schoßlage von Sulingen-Vorwohlde (Kreis Diepholz) könnte sich möglicherweise damit erklären lassen, dass man so die Rückkehr eines zu Lebzeiten gefürchteten Menschen verhindern wollte.

Als Gräberfeld aus dieser Zeit gilt der mindestens zwölf Hügel umfassende Friedhof von Kirchhatten[9] (Kreis Oldenburg). Die genaue Zahl der Grabhügel von dort ist wegen früherer Zerstörungen nicht mehr feststellbar. In Kirchhatten wurden die Toten meistens in Baumsärgen beigesetzt. Die erste Bestattung (Zentralbestattung) im Hügel hat man häufig mit einem Steinkranz umgeben. Unter jedem der aus Heideplaggen errichteten Hügel wurden zahlreiche Feuerstellen registriert, die von Kultfeuern stammen dürften. Die Hügel I und V von Kirchhatten sind mit einem Kreis- beziehungsweise Ovalgraben umgeben.

In anderen Gegenden Nordwestdeutschlands wurden während der älteren Bronzezeit von Pfosten gesäumte Zugänge zu Gräbern (so genannte Pfostenavenuen) errichtet. Zu dieser Feststellung gelangte man zunächst in Wiesens[10] (Kreis Aurich) sowie später in Achmer[11] (Kreis Osnabrück) und Westerholt[12] (Kreis Wittmund). Aus Achmer kennt man eine Avenue mit einer Pfostendoppelreihe, aus Westerholt eine mit zwei Pfostendoppelreihen und aus Wiesens eine mit vier Pfostendoppelreihen.

In Achmer (Stadt Bramsche) führt eine 23 Meter lange Pfostendoppelreihe mit mindestens 18 Pfostenpaaren aus Kiefernholz zu einer runden Grabanlage mit drei Baumsärgen. Die Avenue ist durch eine zehn Meter große Lücke von der Grabanlage getrennt. Vielleicht diente diese Lücke als heiliger Bezirk.

Die zwei Pfostendoppelreihen von Westerholt sind zwölf und 17 Meter lang, teilweise mehr als zehn Meter voneinander entfernt und enden etwa zehn Meter vor einem Hügel mit zwei Gräbern, der von einem runden Pfostenkranz umgeben wird. Auch dort gab es also eine Lücke zwischen der Grabanlage und der Avenue.

In Wiesens bildeten die 25 Meter lange und neun Meter breite Grabanlage, eine zehn Meter große Lücke und die maximal 65 Meter lange Pfostenavenue die größte bronzezeitliche Grabstätte Nordwestdeutschlands. Dort war die Grabanlage mit Doppelbaumsarg von einem Pfostenoval umgeben, auf das von Osten her vier Pfostendoppelreihen mit jeweils einem Meter Breite zuliefen. Die Pfostendoppelreihen haben Abstände von sechs bis neun Metern und sind unterschiedlich lang. Für den Grabbezirk in Wiesens wurden nahezu 500 Pfähle benötigt, wozu schätzungsweise auf einem Hektar heutiger Waldfläche Bäume gefällt werden mussten. Avenuen mit Pfostendoppelreihen gab es etwa zur gleichen Zeit auch in Süd- und Mittelengland sowie in Holland. In England führten sie allerdings nicht zu Gräbern, sondern zu großen, runden Holzbauten, den so genannten Woodhenges, die als Kultbauten oder Versammlungshäuser gedeutet werden.

Als Zeugnisse des Sonnenkults der älteren Bronzezeit gelten die mit konzentrischen Kreisen verzierten »Sonnensteine« in Nordwestdeutschland. Die Kreise

Zeichnung auf Seite 29:

Pfostenavenue von Wiesens (Kreis Aurich)
in Niedersachsen.
Vier teilweise bis zu einer Länge von 65 Metern nachweisbare
doppelte Pfostenreihen verlaufen
mit Abständen von sechs bis neun Metern
in Richtung einer Grabanlage der älteren Bronzezeit.
Zeichnung von Friederike Hilscher-Ehlert, Königswinter,
für das Buch »Deutschland in der Bronzezeit« (1996)
von Ernst Probst

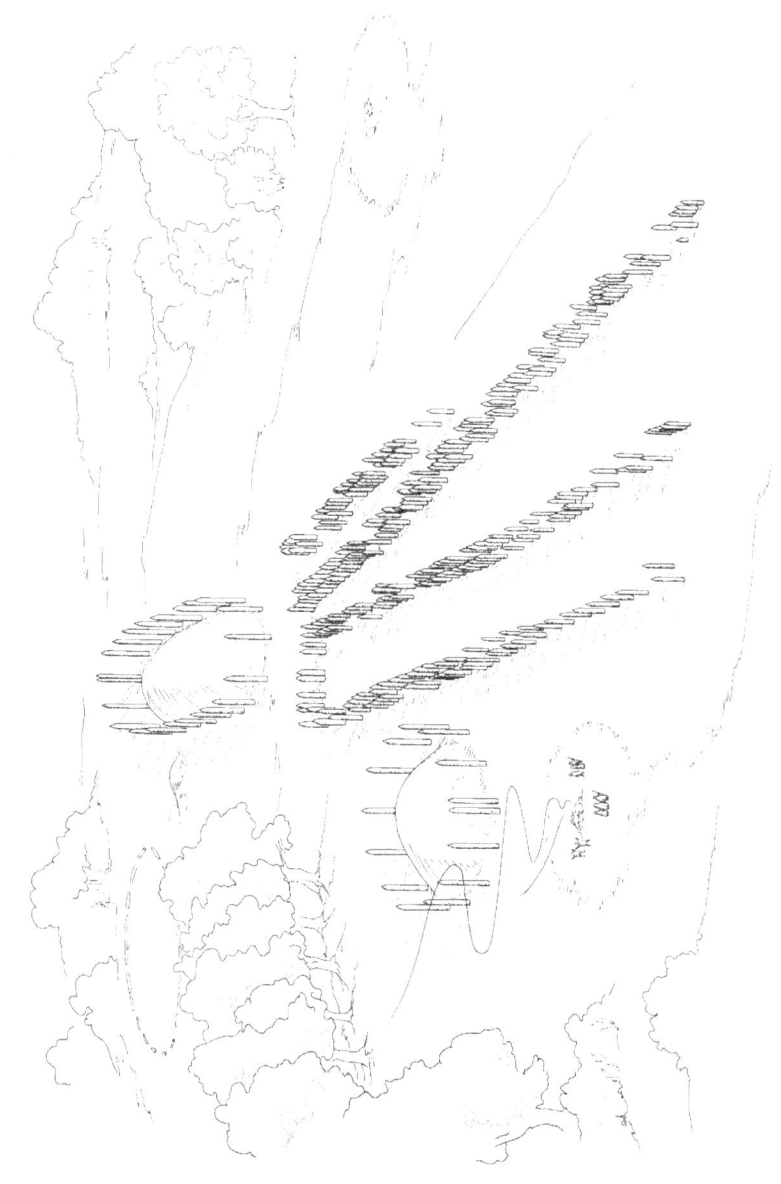

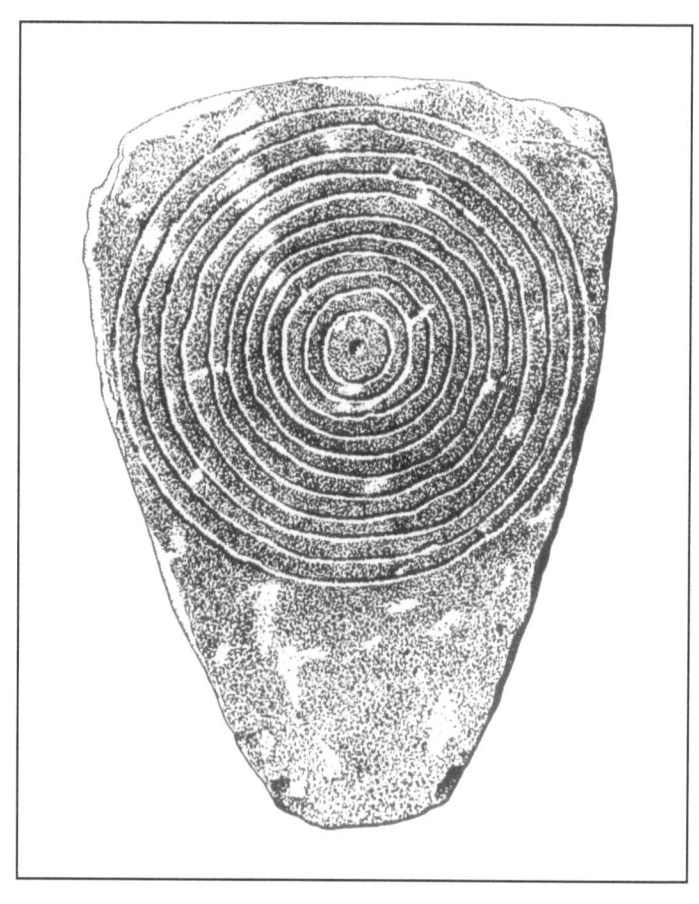

»Sonnenstein« mit elf konzentrischen Kreisen
aus Colmrade-Beckstedt (Kreis Oldenburg) in Niedersachsen.
Höhe 89,5 Zentimeter, maximale Breite 60 Zentimeter.
Original im Ludwig-Roselius-Museum für Frühgeschichte,
Worpswede bei Bremen

symbolisieren nach Ansicht von Prähistorikern vermutlich die Sonne. Zu den »Sonnensteinen« im Verbreitungsgebiet der Oldenburg-emsländischen Gruppe können vielleicht die Kultmale von Colmrade-Beckstedt und Harpstedt – beide im Kreis Oldenburg gelegen – gerechnet werden. Einen weiteren Sonnenstein – außerhalb des zentralen Gebietes dieser Gruppe – gab es in Friedeburg-Horsten (Kreis Wittmund).

Der »Sonnenstein von Colmrade-Beckstedt wurde 1921 im Ortsteil »Zur Straßburg« beim Abriss eines 1668 errichteten kleinen Bauernhauses entdeckt, in dessen Fundament er eingemauert war. Er sollte später als Grabstein verwendet werden. Doch dazu kam es nicht, weil der Archäologe Hans Müller-Brauel (1867–1940) aus Bremen den Fund für 75 Reichsmark erwarb und ihn 1938 in der Zeitschrift »Germanenerbe« beschrieb. Heute wird der »Sonnenstein« von Colmrade-Beckstedt im Ludwig-Roselius-Museum für Frühgeschichte, Worpswede, bei Bremen ausgestellt.

Dieser »Sonnenstein« besteht aus rotem Granit, ist nahezu dreieckig, 89,5 Zentimeter hoch, oben maximal 60 Zentimeter breit und unten maximal 40 Zentimeter dick. Auf seinen oberen zwei Dritteln sind elf konzentrische Kreise in gleichmäßigem Abstand bis zu fünf Millimetern eingetieft. Der größte Kreis hat einen Durchmesser von 54 Zentimetern. Jener »Sonnenstein« dürfte einst mit dem unbearbeiteten Teil im Boden eingegraben und als sichtbares Kultmal aufgestellt worden sein.

Freilegung des »Sonnensteins« unter der Gartenpforte
der Familie Renken in Friedeburg-Horsten (Kreis Wittmund)
in Niedersachsen im Jahre 1963.
Höhe und Breite 1,10 Meter.
Original in der Grundschule Friedeburg-Horsten

Als die etwa 300 Meter vom Fundplatz aufgestellte Nachbildung des »Sonnensteins« von Colmrade-Beckstedt feierlich enthüllt wurde, teilten der Rektor Robert Grimsehl (1890–1963) und Bürgermeister Knolle aus Harpstedt mit, in ihrem Ort gebe es ein noch größeres und schöneres Exemplar. Der »Sonnenstein« von Harpstedt war irgendwann zwischen 1925 und 1930 auf dem Galgenberg zum Vorschein gekommen und danach auf den heutigen Schützenplatz gebracht worden. Der Schützenverein ließ den »Sonnenstein«, den man als mittelalterliche Schützenscheibe fehldeutete, in einem Sockel von Tischhöhe einmauern und mit einer Eichenbank umgeben.

Auch der etwa 90 Zentimeter hohe, maximal 87 Zentimeter breite und bis zu zehn Zentimeter dicke »Sonnenstein« von Harpstedt ist aus rotem Granit. Auf ihm sind zwölf konzentrische Kreise angebracht, deren größter einen Durchmesser von 67 Zentimetern aufweist.

Als größter und schönster »Sonnenstein« Nordwestdeutschlands gilt der 1,10 Meter hohe und breite sowie maximal 26 Zentimeter dicke Fund von Friedeburg-Horsten. Dieser schätzungsweise fünf Zentner schwere Koloss kam schon um die Wende vom 19. zum 20. Jahrhundert etwa 200 Meter westlich des Ortes in einem Wall zum Vorschein. Sein Entdecker, der Landwirt Gerd Renken (1870–1935) aus Horsten, hat durch das wenige Zentimeter große Loch in der Mitte des Steins ein Seil gesteckt und den Fund mit Hilfe eines Pferdes zu seinem

Grundstück gezogen. Dort lag der »Sonnenstein« etwa 60 Jahre lang unbeachtet.

Die Fachwelt erfuhr erst im März 1963 von der Existenz dieses »Sonnensteins«. Damals berichtete der Sohn des Entdeckers, der Landwirt Georg Renken (1906–1994) aus Horsten, dem Archäologen Karl Heinz Marschallek (1904–1981) aus Jever bei der Besichtigung einer mittelalterlichen Fundstelle von einem »Stein mit Rillen« unter seiner Gartenpforte und bat um Begutachtung. Beim Freischaufeln und Abfegen der unter der Pforte liegenden Steinplatte kamen auf der Oberfläche 17 gleichmäßig um ein zylindrisches Mittelloch mit einem Durchmesser von 3,4 Zentimetern eingehauene Kreise zum Vorschein, von denen der größte einen Durchmesser von 77 Zentimetern erreicht. Es handelte sich also nicht um einen alten Mühlstein – wie zunächst vermutet –, sondern um einen »Sonnenstein« aus der Bronzezeit.

Der »Sonnenstein« aus Friedeburg-Horsten wurde mit Hilfe von Brechstangen geborgen und auf einem Anhänger zur Landesstelle für Marschen- und Wurtenforschung nach Wilhelmshaven gebracht, welche damals für die Bodendenkmalpflege in Ostfriesland zuständig war. Heute befindet sich der Originalfund des »Sonnensteins« im Gebäude der Grundschule von Friedeburg-Horsten. Eine Kopie steht im Wohngebiet Horsten, Am Sonnenstein.

Ähnliche konzentrische Kreise wie auf den »Sonnensteinen« in Nordwestdeutschland wurden auch auf skandinavischen Felsbildern zusammen mit anderen Motiven dargestellt. Da diese Kreise als Sonnensymbole gelten, hat man für die steinernen Kultmale aus Nordwestdeutschland den Namen »Sonnensteine« gewählt.

Mit dem Sonnenkult soll auch die prächtige Goldscheibe von Moordorf bei Südbrookmerland[13] (Kreis Aurich) in Verbindung stehen. Sie kam in einem Moor in etwa 1,50 Meter Tiefe zum Vorschein. Diese Goldscheibe hat einen Durchmesser von 14,5 Zentimetern, besteht aus 0,14 Millimeter dünnem Goldblech und wiegt 36 Gramm. Ihre Schauseite ist mit kleinen Buckeln und Strichmustern verziert, die von der Rückseite eingestempelt wurden.

Wegen ihrer außerordentlichen Dünnwandigkeit dürfte die Goldscheibe von Moordorf einst auf einer stabilen Unterlage aus Holz oder Bronze befestigt gewesen sein. Darauf deuten die beiden seitlichen Laschen hin. Die heute plane Oberfläche war ursprünglich nach außen gewölbt. Vielleicht gehörte diese Goldscheibe zu einem Sonnenwagen, auf dem die vergoldete Seite der darauf montierten Scheibe den Tag und die unvergoldete die Nacht symbolisierte. Vergleichbare Goldscheiben kamen vor allem in Irland, aber auch in England, Dänemark und Schleswig-Holstein zum Vorschein. Manche Prähistoriker nehmen an, diese mutmaßlichen Sonnensymbole hätten zur Ausstattung von bedeutenden Anführern oder Priestern gehört.

Verzierte Goldscheibe aus der älteren Bronzezeit
(etwa 1500 bis 1200 v. Chr.) von Moordorf bei Südbrookmerland
(Kreis Aurich) in Niedersachsen.
Durchmesser 14,5 Zentimeter.
Original im Niedersächsischen Landesmuseum, Hannover

Anmerkungen

Die Mittelbronzezeit in Deutschland
1] Die Zusammenstellung dieser Übersicht über die Verbreitung und Zeitdauer von Kulturen der Mittelbronzezeit entstand mit Hilfe der Prähistoriker Friedrich Laux vom Hamburger Museum für Archäologie, Hamburg-Harburg, Rolf Breddin vom Brandenburgischen Landesmuseum für Ur- und Frühgeschichte, Potsdam, und Klaus Simon vom Landesmuseum für Vorgeschichte, Dresden.

Die Oldenburg-emsländische Gruppe
1] Der Hakenpflug von Walle wurde am 9. Juli 1927 von dem Arbeiter Jann Hanssen (1889–1966) aus Walle beim Torfstechen in etwa 1,50 Meter Tiefe entdeckt und durch den damals in Georgsfeld arbeitenden Lehrer Georg Kettler geborgen. Es ist dem Studiendirektor Peter Zylmann (1884–1976) aus Aurich zu verdanken, dass dieser Pflug in letzter Minute gerettet wurde und in das Landesmuseum Hannover gelangte.
2] Der Pflug von Duisburg-Rheinhausen wurde 1956 zufällig in einem Baggerloch entdeckt.
3] Das Absatzbeil von Wildeshausen wurde 1883 für das Hamburger Museum für Völkerkunde vom Kunst- und Antiquitätengeschäft E. Wiggert u. Co., Hamburg, erworben. Es wird heute im Hamburger Museum für Archäologie aufbewahrt.

4] Der Goldbecher von Gölenkamp wurde 1840 von einem Bauern beim Sandgraben entdeckt.

5] Der Goldschmuck von Lorup kam 1892 beim Pflügen in einem Moordamm im Haßmoor zum Vorschein.

6] Der Bohlenweg südlich von Varel mit der Bezeichnung XXXVI (Ip) wurde um 1869 von Torfstechern entdeckt und damals auf Wunsch des Oberkammerherrn Friedrich von Alten (1822–1894) aus Oldenburg an einigen Stellen freigelegt. 1954 und 1975 führte der Moorforscher Hajo Hayen (1923–1991) aus Oldenburg einige Untersuchungen durch. 1979 erfolgte eine größere Ausgrabung durch Hajo Hayen und den Restaurator Reinhard Schneider aus Oldenburg.

7] Die Speichenradreste aus dem Barnstorfer Moor wurden in den 1960-er Jahren von einem Landwirt aus Barnstorf beim Torfgraben gefunden.

8] Die zwölf Gräber von Groß-Stavern wurden im Sommer 1951 von der Prähistorikerin Elisabeth Schlicht (1914–1989) aus Meppen bei der Untersuchung eines Langhügels entdeckt, der äußerlich den Eindruck machte, als ob er ein jungsteinzeitliches Großsteingrab enthalte.

9] Das Gräberfeld von Kirchhatten wurde 1936 bei der Kultivierung von Ödland entdeckt und 1937/38 untersucht.

10] In Wiesens hat 1979/80 das Institut für Denkmalpflege in Ostfriesland gegraben.

11] In Achmer hat der Prähistoriker Wolfgang Schlüter aus Osnabrück 1980 den Hügel und im Sommer 1981 die Pfostendoppelreihe untersucht.

12] In Westerholt hat 1982/83 der Prähistoriker Wolfgang Schwarz aus Aurich die Ausgrabungen durchgeführt.

13] Die Goldscheibe von Moordorf bei Südbrookmerland wurde 1910 durch den Bauern Vitus Dirks (1881–1940) aus Moordorf beim Torfgraben entdeckt. Er war mit dem Spaten an einen gelblichen Gegenstand gestoßen, den er für wertlos hielt und liegenließ. Als einige Tage später sein Sohn damit spielte, betrachtete er den Fund noch einmal, nahm ihn mit nach Hause, stellte ihn in seinen Glasschrank und wusste nicht, dass die Scheibe aus Gold war. 1919 verkaufte Dirks die Scheibe zusammen mit einem Tongefäß für drei Mark an einen Aufkäufer. Von letzterem erwarb der Auricher Händler Rück die Goldscheibe, ließ bei einem Goldschmied in Aurich deren Wert schätzen und bot sie vergeblich dem Britischen Museum in London zum Kauf an. Später zog Rück nach München und die Goldscheibe gelangte in den Münchner Kunsthandel. 1925 erwarb das Römisch-Germanische Zentralmuseum, Mainz, die Goldscheibe für 450 Mark und verkaufte sie noch im selben Jahr an das Landesmuseum in Hannover. Da damals zwar der Fundort, aber nicht der Name des Entdeckers bekannt war, setzte der Prähistoriker Karl Hermann Jacob-Friesen (1886–1960) aus Hannover einen Aufruf mit einer Abbildung der Goldscheibe in drei Auricher Zeitungen. Darin wurde dem Entdecker eine Belohnung von 25 Mark versprochen, wenn er sich bei dem Direktor des Auricher Gymnasiums, Peter Zylmann (1884–1976), melden würde, den Jacob-Friesen um Hilfe bei den Nachforschungen gebeten hatte. Nach einiger Zeit meldete sich Vitus Dirks bei Zylmann und bezeichnete sich als Entdecker. Im März 1927 untersuchte Zylmann die angegebene Fundstelle in Moordorf. Er stieß auf eine rechteckige Grube von 2,30 Meter Länge und 57 Zentimeter Breite, die einst 1,50 Meter tief gewesen war. Zylmann deutete die Grube als Grabgrube unter einem ehemaligen Hügel und darin soll nach seiner Auffassung die Goldscheibe als Beigabe gelegen haben. Tatsächlich hatte er wohl keine Grabgrube, sondern eine der 1910 vom Bauern Vitus Dirks bei Meliorationsarbeiten ausgehobenen Gruben entdeckt.

Literatur

Die Mittelbronzezeit in Deutschland
GOLDMANN, Klaus: Die mittlere Bronzezeit als Problem der Begriffs- und Zeitbestimmung. Aus: Beiträge zur Geschichte und Kultur der mitteleuropäischen Bronzezeit, Teil I, S. 165–168, Berlin/Nitra 1990
LAUX, Friedrich: Zur älteren und mittleren Bronzezeit in Niedersachsen. Aus: Beiträge zur Geschichte und Kultur der mitteleuropäischen Bronzezeit, Teil II, S. 275– 294, Berlin/Nitra 1990
RIECKHOFF, Sabine: Im Zeichen des Schwertes. Mittlere und Späte Bronzezeit (1600–750 v. Chr.). Aus: Faszination Archäologie, S. 63–80, Regensburg 1990
RÖSLER, Horst: Mittlere Bronzezeit im Süden. Aus: HERRMANN (Herausgeber): Archäologie in der Deutschen Demokratischen Republik. Denkmale und Funde 1, S. 95–97, Leipzig 1989
SCHINDLER, Reinhard: Ältere und mittlere Bronzezeit (1800–1200 v. Chr.). Aus: Führer durch das Landesmuseum Trier, S. 12, Trier 1986
STEIN, Frauke: Steinzeit und Bronzezeit im Saarland. Führer zu vor- und frühgeschichtlichen Denkmälern.Band 5. Saarland, S. 12–17, Mainz 1966
STRUVE, Karl W.: Die ältere und mittlere Bronzezeit (Periode II-III). Aus: STRUVE, Karl W. / HINGST, Hans / JANKUHN, Herbert: Von der Bronzezeit zur Völkerwanderungszeit, S. 27–96, Neumünster 1979

TORBRÜGGE, Walter: Die mittlere Bronzezeit in Bayern. Aus: Beiträge zur Geschichte und Kultur der mitteleuropäischen Bronzezeit, S. 495–514, Berlin/Nitra 1990

WEBER, Gesine: Die Hügelgräberbronzezeit. Aus: Händler, Krieger, Bronzegießer. Bronzezeit in Nordhessen. Vor- und Frühgeschichte im Hessischen Landesmuseum in Kassel, Heft 3, S. 70–101, Kassel 1992

Die Oldenburg-emsländische Gruppe

DE WALL, Karl-Heinz: Landkreis Wittmund, Jever 1977

DRESCHER, Hans: Das Profil der Sonnenscheibe von Moordorf. Die Kunde, N. F., Band 14, S. 112–114, Hannover 1963

HAYEN, Hajo: Moorforschung 1975. Oldenburger Jahrbuch, 75./76. Band für 1975/76, S. 252–254, Oldenburg 1978

JACOB-FRIESEN, Gernot: Zur Goldscheibe von Moordorf, Kreis Aurich. Nachrichten aus Niedersachsens Urgeschichte, Band 37, S. 3–5, Hildesheim 1968

JACOB-FRIESEN, Karl Hermann: Die Goldscheibe von Moordorf bei Aurich mit ihren britischen und nordischen Parallelen. Jahrbuch für prähistorische & ethnographische Kunst, S. 25–44, Leipzig 1931

KROPF, Walter: Die Goldscheibe von Moordorf in Ostfriesland. Germanen-Erbe, 1. Jahrgang, Band 12, S. 299–301, Leipzig 1936

LAUX, Friedrich: Ein unbekannter Hortfund aus der Gegend von Wildeshausen in Oldenburg. Archäologische Mitteilungen aus Nordwestdeutschland, Band 5, S. 11–18, Oldenburg 1982

LAUX, Friedrich: Ein Absatzbeil nordwestspanischer Herkunft aus Wildeshausen, Ldkr. Oldenburg. Archäologische Mitteilungen aus Nordwestdeutschland, Band 7, S. 11–18, Oldenburg 1984

LINKE, Friedrich-Albert / SCHWARZ, Wolfgang: Zu einer Rettungsgrabung in Wiesens (Stadt Aurich), Ostfriesland. Berichte zur Denkmalpflege in Niedersachsen, 1. Jahrgang, Heft 2, S. 14–16, Hannover 1981

MARSCHALLECK, Karl Heinz: Der Sonnenstein von Horsten (Kreis Wittmund). Ein neuer Vorgeschichtsfund in Ostfriesland. Ostfriesland, Zeitschrift für Kultur, Wirtschaft und Verkehr, Leer o. J.

METZLER, Alf / WILBERTZ, Otto Mathias: Zur Ur- und Frühgeschichte im Landkreis Oldenburg anhand der archäologischen Geländedenkmale. Oldenburger Jahrbuch 1987, Band 87, S. 213–241, Oldenburg 1987

NOWOTHNIG, Walter: Zur Deutung der kreisverzierten Steine von Beckstedt und Harpstedt, Kreis Grafschaft Hoya. Die Kunde, N. F., Band 7, S. 91–95, Hannover 1956

SCHWARZ, Wolfgang: Bedeutende Funde aus der Urgeschichte Ostfrieslands. I. Die Goldscheibe von Moordorf. Mitteilungen der Arbeitsgruppen der Ostfriesischen Landschaft, Jahrgang, Heft 1, S. 26–30, Aurich 1974

SCHWARZ, Wolfgang: Ostfriesische Fundchronik 1982
und 1983. Jahrbuch der Gesellschaft für vaterländische
Altertümer zu Emden, Band 63/64, S. 157–158, Abb. 4,
Emden 1984

SCHWARZ, Wolfgang: Die Urgeschichte in Ostfriesland, Leer 1985

SPROCKHOFF, Ernst: Niedersachsens Bedeutung für
die Bronzezeit Westeuropas. Zur Verankerung einer
neuen Kulturprovinz. 31. Bericht der Römisch-
Germanischen Kommission 1941, II. Teil, S. 1–138,
Frankfurt/Main 1942

WEGNER, Günter: Ein Grabhügelfeld der älteren
Bronzezeit in Kirchhatten, Landkreis Oldenburg.
Oldenburger Jahrbuch 1978/79, Band 78/79, S. 267–
291, Oldenburg 1979

WILHELMI, Klemens: Siedlungsarchäologische Be-
züge zwischen den nördlichen Niederlanden und
Nordwestdeutschland von 1500 vor bis Chr. Geb.
Nachrichten aus Niedersachsens Urgeschichte, Band 50,
S. 1–42, Hildesheim 1981

WILHELMI, Klemens: Pfostengesäumte Zugänge
älterbronzezeitlicher Grabanlagen in Nordwestdeutschland und den Niederlanden sowie ihre Vorläu-
fer in England. Archäologisches Korrespondenzblatt,
Jahrgang 15, S. 151–156, Mainz 1985

WILHELMI, Klemens: Älterbronzezeitliche Grabanlagen mit Pfostenzuwegung in Westniedersachsen und
ihre englischen Muster. Ausgrabungen in Niedersachsen. Archäologische Denkmalpflege 1979–1984. Her-
ausgegeben von der Archäologischen Denkmalpflege
im Institut für Denkmalpflege, Niedersächsisches

Landesverwaltungsamt, durch Klemens Wilhelmi. Berichte zur Denkmalpflege in Niedersachen, Beiheft 1, S. 163–167, Stuttgart 1985

Bildquellen

Klaus Benz, Fotograf, Mainz-Laubenheim: 51
Friederike Hilscher-Ehlert, Königswinter: 49
Reproduktion einer Karte von Rainer Veit, Mainz, aus
dem Buch „Deutschland in der Bronzezeit" (1996) von
Ernst Probst: 12
Reproduktionen von Fotos aus dem Buch „Deutschland
in der Bronzezeit" (1996) von Ernst Probst: 32 (Theo
Hinrichs, Friedeburg-Horsten), 16 (Friedrich Laux,
Hamburger Museum für Archäologie, Helms-Museum,
Hamburg-Harburg), 24 (Dipl.-Ing. Reinhard Schneider,
Staatliches Museum für Naturkunde und Vorgeschichte,
Oldenburg)
Reproduktionen von Zeichnungen aus dem Buch
„Deutschland in der Bronzezeit« (1996) von Ernst
Probst: 30 (Reproduktion aus Karl Hermann Jacob-
Friesen: Einführung in Niedersachsens Urgeschichte,
II. Teil Bronzezeit, Veröffentlichungen des Landes-
museums zu Hannover, Band 15, Hildesheim, S. 253,
Abb. 229), 9 (Reproduktion aus Jorn Street-Jensen:
Christian Jürgensen Thomsen und Ludwig Lin-
denschmit: Eine Gelehrtenkorrespondenz aus der
Frühzeit der Altertumskunde (1853–1964), Mainz 1985)
Wikipedia (Online-Lexikon) http://wikipedia.org:
pixelfehler: 36
Zeichnungen von Friederike Hilscher-Ehlert,
Königswinter, für das Buch „Deutschland in der
Bronzeit" (1996) von Ernst Probst: 1, 21, 29

Die wissenschaftliche Graphikerin Friederike Hilscher-Ehlert

Friederike Hilscher-Ehlert wurde am 13. Dezember 1946 in Hamburg geboren. Sie absolvierte eine Ausbildung sowie ein Studium in den Fächern Kostümbild und Bühnenbild. Danach war sie mehrere Jahre lang an der Bühne tätig. Auf dem zweiten Berufsweg wurde sie wissenschaftliche Graphikerin mit dem Schwerpunkt Archäologie und arbeitete am Rheinischen Landesmuseum Bonn. Ihre Fachgebiete waren Restaurierung, Archäo-Botanik, Wissenschafts-Publikationen, Amtshilfe bei externen Projekten und Ausstellungskonzeption. Mit Lebensbildern von Menschen aus vergangenen Zeiten machte sie sich bereits einen Namen, als solche Kunstwerke in ihrer Heimat noch Seltenheiten waren. Das erste Buch, in dem Zeichnungen von Friederike Hilscher-Ehlert abgebildet wurden, heißt »Report aus der Römerzeit« (1989). In den frühen 1990-er Jahren schuf sie zahlreiche Lebensbilder für das Buch »Deutschland in der Bronzezeit« (1996) des Wiesbadener Wissenschaftsautors Ernst Probst. Großformatige Lebensbilder aus ihrer Hand schmücken die Werke »Die Römer« (1999), »Die Steinzeitler« (2003), »Die Kelten" (2003) und »Die Franken« (2003) in der vom Rheinischen Landesmuseum Bonn herausgegebenen Reihe »Lebendige Vergangenheit«. Im Geleitwort schrieb Professor Dr. Hans-Eckart Joachim: »Die Zeichnerin Friederike Hilscher-Ehlert verbindet wissenschaftlich abgesicherte, akribische Prägnanz mit virtuosem unverkennbaren Personalstil, der der Phantasie und Entdeckerfreude Raum lässt. So entstehen Bilder, in denen uns Menschen und Menschengemachtes der Vergangenheit entgegentreten, längst verwischte Spuren sichtbar werden.« Zeichnungen von ihr erschienen außer in Büchern auch in wissenschaftlichen Zeitschriften und man sah sie in Ausstellungen von Museen oder auf zahlreichen farbprächtigen Ansichtskarten. Friederike Hilscher-Ehlert betont: »Archäologische Illustration ist heute in keinem Museum und in keiner fundierten Fachpublikation mehr entbehrlich. Es ist mir eine Freude Wegbereiterin dieser Art Graphik in Deutschland gewesen zu sein.«

Der Autor Ernst Probst

Ernst Probst, geboren am 20. Januar 1946 in Neunburg vorm Wald im bayerischen Regierungsbezirk Oberpfalz, ist Journalist und Wissenschaftsautor. Er arbeitete von 1968 bis 1971 als Redakteur bei den »Nürnberger Nachrichten«, von 1971 bis 1973 in der Zentralredaktion des »Ring Nordbayerischer Tageszeitungen« in Bayreuth und von 1973 bis 2001 bei der »Allgemeinen Zeitung«, Mainz. In seiner Freizeit schrieb er Artikel für die »Frankfurter Allgemeine Zeitung«, »Süddeutsche Zeitung«, »Die Welt«, »Frankfurter Rundschau«, »Neue Zürcher Zeitung«, »Tages-Anzeiger«, Zürich, »Salzburger Nachrichten«, »Die Zeit", »Rheinischer Merkur«, »Deutsches Allgemeines Sonntagsblatt«, »bild der wissenschaft«, »kosmos«, »Deutsche Presse-Agentur« (dpa), »Associated Press« (AP) und den

»Deutschen Forschungsdienst« (df). Aus seiner Feder stammen die Bücher »Deutschland in der Urzeit« (1986), »Deutschland in der Steinzeit« (1991), »Rekorde der Urzeit« (1992), »Dinosaurier in Deutschland« (1993 zusammen mit Raymund Windolf) und »Deutschland in der Bronzezeit« (1996). Von 2001 bis 2006 betätigte sich Ernst Probst als Buchverleger sowie zeitweise als internationaler Fossilienhändler und Antiquitätenhändler. Insgesamt veröffentlichte er mehr als 100 Bücher, Taschenbücher, Broschüren und E-Books.

Bücher von Ernst Probst

Affenmenschen
Von Bigfoot bis zum Yeti

Annie Oakley
Die Meisterschützin des Wilden Westens

Archaeopteryx. Der Urvogel aus Bayern

Christl-Marie Schultes. Die erste Fliegerin in Bayern
(zusammen mit Theo Lederer)

Cortés und Malinche. Der spanische Eroberer
und seine indianische Geliebte

Das Dinotherium-Museum Eppelsheim
Führer durch die Ausstellung
(zusammen mit Dr. Jens Lorenz Franzen
und Heiner Roos)

Der Europäische Jaguar

Der Mosbacher Löwe
Die riesige Raubkatze aus Wiesbaden

Der Rhein-Elefant
Das Schreckenstier von Eppelsheim

Der Schwarze Peter
Ein Räuber im Hunsrück und Odenwald

Der Ur-Rhein
Rheinhessen vor zehn Millionen Jahren

Deutschland im Eiszeitalter

Deutschland in der Frühbronzezeit

Deutschland in der Mittelbronzezeit

Deutschland in der Spätbronzezeit

Die Dolchzahnkatze *Megantereon*

Die Bronzezeit

Die Aunjetitzer Kultur in Deutschland

Die Straubinger Kultur in Deutschland

Die Adlerberg-Kultur

Die Arbon-Kultur in Deutschland

Die nordische Bronzezeit in Deutschland

Die Hügelgräber-Kultur in Deutschland

Die Lüneburger Heide in der Bronzezeit

Die Stader Gruppe in der Bronzezeit

Die Urnenfelder-Kultur in Deutschland

Die Lausitzer Kultur in Deutschland

Die Dolchzahnkatze *Smilodon*

Die Säbelzahnkatze *Machairodus*

Die Säbelzahnkatze *Homotherium*

Die Schweiz in der Frühbronzezeit

Die Schweiz in der Mittelbronzezeit

Die Schweiz in der Spätbronzezeit

Dinosaurier in Deutschland. Vom *Efraasia*
bis zu *Sellosaurus*

Dinosaurier von A bis K. Von *Abelisaurus*
bis zu *Kritosaurus*

Dinosaurier von L bis Z. Von *Labocania*
bis zu *Zupaysaurus*

Eiszeitliche Geparde in Deutschland

Eiszeitliche Leoparden in Deutschland

Frauen im Weltall

Höhlenlöwen. Raubkatzen im Eiszeitalter

Johann Jakob Kaup
Der große Naturforscher aus Darmstadt

Julchen Blasius
Die Räuberbraut des Schinderhannes

Königinnen der Lüfte in Deutschland

Königinnen der Lüfte in Europa

Königinnen der Lüfte in England, Australien
und Neuseeland

Königinnen der Lüfte in Frankreich

Königinnen der Lüfte in Amerika

Königinnen der Lüfte von A bis Z

Königinnen des Tanzes

Malende Superfrauen

Meine Worte sind wie die Sterne
Die Entstehung der Rede des Häuptlings Seattle
(zusammen mit Sonja Probst)

Monstern auf der Spur
Wie die Sagen über Drachen, Riesen
und Einhörner entstanden

Österreich in der Frühbronzezeit

Österreich in der Mittelbronzezeit

Österreich in der Spätbronzezeit

Pompadour und Dubarry. Die Mätressen
von Louis XV.

Raub-Dinosaurier von A bis Z.
Mit Zeichnungen von Dmitry Bogdanav
und Nobu Tamura

Rekorde der Urmenschen
Erfindungen, Kunst und Religion

Rekorde der Urzeit
Landschaften, Pflanzen und Tiere

Säbelzahnkatzen. Von *Machairodus*
bis zu *Smilodon*

Säbelzahntiger am Ur-Rhein. *Machairodus*
und *Paramachairodus*

Seeungeheuer
Von Nessie bis zum Zuiyo-maru-Monster

Superfrauen aus dem Wilden Westen

Superfrauen 1 – Geschichte

Superfrauen 2 – Religion

Superfrauen 3 – Politik

Superfrauen 4 – Wirtschaft und Verkehr

Superfrauen 5 – Wissenschaft

Superfrauen 6 – Medizin

Superfrauen 7 – Film und Theater

Superfrauen 8 – Literatur

Superfrauen 9 – Malerei und Fotografie

Superfrauen 10 – Musik und Tanz

Superfrauen 11 – Feminismus und Familie

Superfrauen 12 – Sport

Superfrauen 13 – Mode und Kosmetik

Superfrauen 14 – Medien und Astrologie

Tony und Bruno Werntgen. Zwei Leben
für die Luftfahrt (zusammen mit Paul Wirtz)

Zenobia von Palmyra. Eine Frau kämpft
gegen die Römer

Bestellungen bei: http://www.grin.com